AF224089

L'ASSEMBLÉE

DEVANT LE PAYS

PAR

M. LE COMTE DE GARDANE

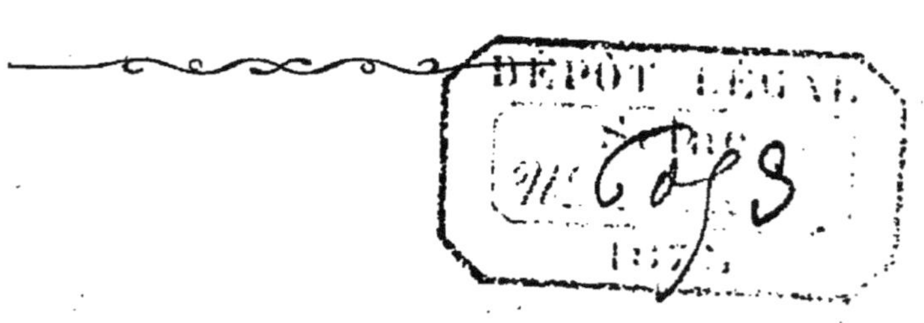

PARIS

TYPOGRAPHIE GEORGES CHAMEROT

RUE DES SAINTS-PÈRES, 19.

—

1875

L'ASSEMBLÉE

DEVANT LE PAYS

L'Assemblée qui siége à Versailles aura bientôt, selon toute apparence, cessé d'exister. Cinq longues années nous séparent de ces jours de désolation inexprimable où, de tous les points de la France, à travers nos campagnes en feu, les membres de cette Assemblée se réunissaient à Bordeaux afin de délibérer de la paix ou de la guerre, et de traiter au nom de la France avec la Prusse victorieuse.

Le moment nous semble venu d'examiner avec la plus entière indépendance comment elle a rempli la mission que le pays lui avait confiée.

Jamais peut-être une Assemblée française n'avait eu une plus grande tâche, et n'eut des pouvoirs aussi étendus pour faire le bien.

Ses débuts donnèrent les plus grandes espérances. Se conformant au vœu de la nation et
obéissant aussi en cela à ses propres inspirations, elle s'empressait de porter à la suprême
magistrature M. Thiers, que le cri général
appelait à la direction de la France.

Ce fut un spectacle émouvant et fait pour
arracher des larmes aux hommes les moins sen-
sibles que celui de cette Assemblée d'une des plus
grandes nations de la terre, accablée de douleur
devant les ruines de la patrie, maudissant
l'empire, votant sa déchéance, le rendant res-
ponsable de la défaite et du démembre-
ment de la France, et sanctionnant par un
mémorable vote la révolution du 4 septembre.

Un frisson électrique parcourut le pays. Le
cœur de l'Assemblée et le sien battaient à l'unis-
son. On pouvait tout attendre de cette Assemblée avec M. Thiers à sa tête.

Quelle était alors la situation?

On regardait la France comme perdue, son
salut semblait une œuvre au-dessus de la puissance humaine. Tel était le sentiment général,

non-seulement en France, mais encore à l'étranger. Le désespoir était dans toutes les âmes. Ce sont là des faits indéniables. La confusion était au comble, l'épouvante et la mort partout. Non-seulement les Prussiens étaient les maîtres de plus de la moitié de la France, et nous n'avions plus de ressources ; mais, comme si toutes les calamités avaient dû nous accabler à la fois, on sentait venir le comble des malheurs d'une nation : la guerre civile ! Tout annonçait de terribles convulsions intérieures que rien ne pourrait conjurer, la dissolution peut-être d'un grand peuple.

Le jour n'est pas encore venu d'apprécier avec calme les immenses services que M. Thiers a rendus à la patrie, et qui lui assurent la reconnaissance de la postérité française. Personne alors ne songea à lui disputer le périlleux honneur qu'il dut accepter pour obéir aux ordres de son pays.

Il commença par venger magnifiquement la France devant le monde et l'histoire. En rendant son épée au roi de Prusse, l'empereur Napoléon III avait encore aggravé ses torts envers la nation qu'il avait perdue. Il s'était disculpé personnellement devant son vainqueur d'avoir fait cette guerre; il avait accusé le pays de la lui avoir imposée.

M. Thiers protesta avec indignation, solennellement, au nom de la France, contre cette allégation mensongère. Il établit que le véritable auteur de la guerre avec la Prusse était l'empereur. Il fit justice de cet acte, auquel la postérité aurait eu peine à ajouter foi.

Puis, chargé de négocier la paix, il disputa pied à pied, pouce à pouce, le territoire de la France au vainqueur et lui arracha Belfort ! L'histoire dira les merveilleuses facultés dont cet homme dut être doué, le prodigieux labeur qu'il mit au service de son pays, les inépuisables ressources d'esprit qu'il déploya pendant deux ans pour relever la France, l'admirable prudence, la force et la douceur, l'esprit de suite de ce gouvernement qui sortit victorieux des plus grandes complications de toute nature, intérieures et extérieures.

Il prit dans la poussière et le sang le drapeau de la France et le redressa en face du monde.

Il rendit à la nation confiance en elle-même, fit renaître ses ressources, releva son crédit.

Les peuples que la politique de l'empire nous avait aliénés nous revinrent. Ils passèrent de la pitié pour nos malheurs à l'admiration pour les facultés de notre race; ils applaudirent aux nobles efforts de la France, et, quand elle eut besoin de trois milliards pour payer sa rançon, c'est quarante-cinq milliards qu'ils lui apportèrent! Quel plus éclatant témoignage pouvaient-ils donner de la confiance qu'ils avaient dans la sagesse de son gouvernement? La nation avait foi dans son expérience consommée, dans son patriotisme. Il n'a pas trompé son attente. Son œuvre est là pour l'attester :

En deux ans, le gouvernement réparateur, la politique nationale de M. Thiers ont relevé la France. Il n'est permis à aucun Français de l'oublier. Il n'y a pas de faits au monde plus certains que ceux-là. Ce sera l'honneur de l'Assemblée de s'être associée à ces grandes choses, d'avoir secondé M. Thiers avec patriotisme et quelquefois même avec une abnégation des plus louables.

Mais quand les grondements lointains de la Commune se furent éteints, quand le sol tremblant de la France fut raffermi sous les pieds de tous, le payement de la rançon du territoire assuré, alors, malheureusement pour la France! la majorité de l'Assemblée et M. Thiers cessèrent d'être d'accord.

Que voulait M. Thiers?

Tenir l'engagement qu'il avait pris devant le pays.

Le jour où il déclara que l'heure était venue de faire l'essai loyal, de tenir la parole solennellement donnée à la France en constituant la République, l'Assemblée lui refusa son concours, puis lui devint ouvertement hostile. Elle accusa l'homme qu'elle avait si souvent applaudi, qu'elle avait à plusieurs reprises proclamé le sauveur de la patrie, et qui l'était en effet, de conduire la France aux abîmes. L'homme le plus national devint presque un ennemi public!

C'était une grande faute d'obliger M. Thiers à donner sa démission. Lorsque la France était encore environnée de tant de périls, la priver de l'homme le plus capable de les conjurer, ce n'était pas ce que conseillaient la raison, le patriotisme.

S'il était un homme auquel l'Assemblée devait craindre de toucher, assurément c'était celui qui, par des prodiges d'habileté et de patriotisme, avait conservé Belfort à la France. Que de fautes, que de torts même, un tel service eût rachetés aux yeux d'une Assemblée plus politique, qui eût été vraiment à la hauteur de la situation!

La France, après l'effroyable défaite causée par l'impéritie de son chef, avait la fortune de posséder à sa tête un homme dont les immenses talents imposaient à ses ennemis, qui illustrait son pays et l'Assemblée elle-même. L'Assemblée avait-elle bien le droit de le renverser?

M. Thiers était son délégué, sans doute; mais

elle, n'était-elle pas la déléguée de la France, et celle-ci n'était-elle pas notoirement avec M. Thiers?

Dès qu'on était en désaccord avec lui, il convenait de consulter la nation ; c'était à elle de dire qui, de l'Assemblée ou de M. Thiers, exprimait son sentiment. En tout cas, on manquait de déférence en ne le faisant pas; mais combien l'on était ridicule et inconséquent dans cette Assemblée, quand on parlait de classes dirigeantes et qu'on privait la France des services de cet homme sans pair dans le pays, en présence du formidable travail de formation de l'Allemagne, qui ne sera en repos que lorsqu'elle aura des ports, but de la triple guerre qu'elle a faite, et qu'elle réclamera au nom même de son existence !

Il n'y avait peut-être qu'un seul homme en Europe qui pût tenir tête à l'homme d'État qui nous a été si fatal, c'était M. Thiers! L'Assemblée l'a renversé. C'est une triste page ajoutée à l'histoire de nos malheurs. Nous voudrions, pour l'honneur national, pouvoir l'arracher de nos annales.

M. Thiers avait peut-être un autre tort, plus réel, dont on n'a pas parlé ; ce tort était irrémissible : c'était son immense supériorité.

Ce petit bourgeois attirait l'attention du monde, on ne parlait que de lui dans le pays et hors du pays. C'était intolérable ! M. Thiers était encore le vieux champion de la Révolution.

Et quels étaient donc les grands politiques qui avaient la prétention de lui faire la leçon ? Quelles preuves extraordinaires de capacité avaient-ils données ?

Nous voyons parmi eux d'anciens ministres de l'empire, et des membres de cette fatale Assemblée que M. Thiers avait suppliée de ne pas faire la guerre à la Prusse, qui criaient aujourd'hui qu'il conduisait le pays à l'abîme.

Ce qui était sûr, c'est qu'il l'avait sauvé d'abord.

De quel côté se sont rangés les hommes les plus éminents dans l'Assemblée par leurs talents, leur expérience, leur patriotisme, les Casimir Perier, les Dufaure, les Rémusat, les Toqueville, les Montalivet ? Ils n'ont pas hésité, on les trouve constamment à côté de M. Thiers. Ils sont avec le pays.

M. Thiers voulait rester sur le terrain du droit, où il sentait qu'était sa force et celle de son gouvernement.

Il ne cachait pas ses préférences, il déclarait ouvertement que son idéal n'était pas au-delà de l'Atlantique, qu'il était au-delà de la Manche; pour lui, c'est le gouvernement constitutionnel de l'Angleterre qu'il eût voulu voir adopter par son pays. Il avait raison : l'Angleterre est fière de ceux qui l'illustrent, ils ont un siége à la Chambre haute de leur vivant, et, morts, ils reposent à Westminster; elle n'est impitoyable que pour les généraux qui se laissent battre. Mais il reconnaissait le droit de la nation de donner la préférence à une autre forme de gouvernement, si elle voulait. Il refusait d'entreprendre de lui en imposer un qu'elle repoussait. Il était modestement le serviteur du pays, il n'était pas son maître.

La volonté du pays, il n'y avait pas à en douter, c'était la République. On allait contre l'évidence quand on soutenait qu'il voulait la monarchie, tandis que, malgré les efforts de l'Assemblée, chaque élection accentuait davantage cette volonté de la République.

L'Assemblée elle-même prenait soin de le démontrer en se déclarant souveraine : elle n'aurait pas eu besoin de se déclarer souveraine si sa volonté eût été conforme à celle du pays. Elle faisait cette déclaration précisément parce qu'elle voulait ce qu'il ne voulait pas.

M. Thiers entendait donc respecter le droit souverain du pays, rester fidèle à son mandat, déférer au vœu de la nation, en organisant du mieux qu'on pourrait le gouvernement qu'elle demandait. De plus, il déclarait qu'en l'état, avec les compétitions monarchiques, la République était la seule chose que l'on pût faire.

Que voulait la majorité qui l'a renversé ? Elle prétendait proclamer la monarchie et la faire ensuite accepter par la nation.

C'était exactement ce qu'avait fait le prince Louis-Napoléon, au 2 décembre. Comme lui, l'Assemblée foulait aux pieds le droit souverain. L'acte était de même nature.

Elle le faisait ayant devant les yeux les épouvantables conséquences de cet acte qu'elle avait mission de réparer , et sans avoir pour excuse, comme le prince Louis-Napoléon, la fatalité de ce nom prodigieux qui le poussait.

Que serait-il arrivé si la nation n'avait pas été plus sage que son Assemblée? si elle avait répondu à sa provocation?

L'Assemblée a échoué.

Mais, supposé qu'elle eût réussi à faire voter le rétablissement de la monarchie, croyait-elle que tout était fini? C'est alors, au contraire, que tout commençait, et qu'elle se trouvait en présence d'inextricables difficultés.

Comment aurait-elle imposé à la nation cette monarchie qu'elle repoussait? Avec l'armée française? On frémit en pensant aux terribles malheurs que ce vote eût entraînés : c'eût été le signal du déchirement final de la France. Voilà cependant à quoi l'on ne craignait pas de s'exposer.

La conduite de M. Thiers était conforme au droit constitutionnel, à la raison, aux intérêts de la France.

En effet, il n'y a que la nation qui ait qualité

pour changer la forme de son gouvernement, parce que seule elle est souveraine , et que les députés, en dépit de toutes les déclarations, ne sont que ses mandataires, les représentants de ses volontés.

Or sa volonté n'était pas douteuse. La nation s'était prononcée pour la République.

Elle pouvait avoir tort, ne pas comprendre son intérêt ; ce n'était pas la question. Nul ne peut être contraint à agir dans son intérêt. Elle agissait dans son droit, comme il lui plaisait.

Il n'y a une Assemblée constituante que parce que la nation a voulu constituer quelque chose, et il serait absurde de prétendre qu'elle ne sait pas quoi.

Si l'on ose dire qu'elle n'a pas exprimé de volonté, alors il ne doit pas y avoir d'Assemblée constituante.

Peut-on soutenir sérieusement que le pays n'a pas manifesté de volonté ? Aurions-nous rêvé qu'une révolution, la plus légitime qui fût jamais, a eu lieu au cri de Vive la République ?

La nation est libre de choisir la manière qui lui plaît d'exprimer sa volonté. Personne n'a le droit de lui en imposer une. Ce n'est pas la forme qui importe dans ce cas, c'est le fond. Il suffit que la volonté ne soit pas douteuse. Qu'y a-t-il de plus clair, de plus terrible qu'une révolution ? Et n'est-ce pas ainsi que les peuples qu'on pousse à bout manifestent quelquefois leur volonté ?

Si la majorité de l'Assemblée croyait que la monarchie était le vœu du pays, que le mouvement national qui avait renversé l'Empire était royaliste, quel besoin avait-elle de faire des professions de foi républicaines? Pourquoi promettait-elle à la France l'essai loyal de la République ? C'était le cri de : Vive le roi! qu'elle devait faire entendre en se réunissant à Bordeaux.

Si la volonté du pays ne paraissait pas assez formelle à l'Assemblée, il n'y avait rien de si facile que de l'interroger ; mais elle n'avait pas le droit de suppléer à son silence ni de l'interpréter, encore moins d'aller contre cette volonté manifeste en se déclarant souveraine.

La nation est ignorante de ce qui lui convient, dites-vous ? Tant pis pour vous, il fallait l'instruire, c'était votre devoir. Le suffrage universel est un mensonge, il n'exprime pas le sentiment du pays? Mais alors pourquoi avez-vous accepté son mandat? c'était auparavant qu'il fallait faire vos réserves; maintenant il est trop tard; en acceptant vous avez perdu le droit d'en contester la valeur, il ne reste plus qu'à l'exécuter loyalement. Vous pouviez conseiller, éclairer vos mandants, mais là se bornait votre droit. S'ils sont incapables, votre mandat est sans valeur, vous n'êtes pas de vrais représentants du pays.

Le respect de la souveraineté nationale, il ne faut pas se lasser de le redire, est la dernière ancre de salut de la France. Il faut qu'elle s'y attache fortement : hors de là il n'y a plus pour elle que les jeux de la force, les révolutions, l'anarchie.

Qu'est-ce que cette souveraineté? pas autre chose, en dernière analyse, que la liberté même de la nation, le droit de s'appartenir qu'ont les peuples comme les individus.

C'est dans la liberté que la France doit enfin se réfugier comme dans une citadelle inexpugnable ; c'est là qu'elle doit planter son drapeau, si elle veut éviter le sort de la Pologne. Que la France y songe ! Si elle n'est bientôt la terre la plus libre d'Europe, ce n'est plus seulement sur l'Alsace et la Lorraine qu'elle aura à pleurer.

La liberté, si elle en comprend bien toute la puissance, sera sa sauvegarde dans le présent et sa force dans l'avenir.

C'est par application de ce grand principe de justice et de raison moderne que l'Assemblée siége à Versailles.

Il n'y a pas un Anglais qui ne soit convaincu que la grandeur de l'Angleterre, la prodigieuse richesse de la nation, sa supériorité industrielle et commerciale n'aient pour principale cause sa liberté, et qui ne soit prêt à la défendre, comme la fortune même de l'Angleterre et la sienne propre, et au besoin à donner sa vie pour elle ; et ils ont raison. Si cette grande nation est tranquille lorsque les autres sont troublées, si elle a étendu son empire sur deux cents millions de sujets, si elle domine les mers, si elle est la première puissance industrielle, si son commerce est le plus vaste du monde, si l'or de l'univers afflue à Londres, c'est parce que la nation anglaise a la première compris cette grande vérité. Oui, c'est parce que l'Angleterre est vraiment libre, que tout son génie se développe, qu'elle possède son maximum de force, et c'est parce que l'opinion gouverne qu'elle échappe aux révolutions périodiques qui ravagent les nations où les gouvernements sont en lutte avec l'opinion. Si elle est si redoutable, c'est à cause de l'indomptable esprit de liberté qui l'anime. C'est lui qui enflammait Nelson, lui qui, au temps où tout se courbait devant Napoléon, inspirait à Pitt cette réponse : que l'Angleterre, plutôt que d'abandonner ses principes, était résolue à s'envelopper dans son drapeau et à s'ensevelir au fond des mers. Avec cet ardent sentiment de la liberté, un peuple est invincible.

En France, au contraire, la liberté a encore des ennemis très-puissants. Ils se sont attachés avec un soin infatigable à la faire maudire.

Ils l'ont accusée de tous les excès. Au lieu, comme il eût été juste, de condamner, de punir ces excès au nom de la liberté à laquelle ils attentaient, c'est elle-même qu'ils ont frappée ! Ils ont ainsi contribué à tromper l'opinion, à lui faire prendre l'erreur pour la vérité. Comment douter que la liberté ne fût coupable, dès qu'elle était punie ? Le mal qu'ils ont ainsi fait à la France est incalculable. Leur œuvre est sous nos yeux. Nous pouvons la juger. La France a été précipitée de la hauteur où l'avaient élevée nos pères ! Elle a subi d'immortels affronts ! Elle est démembrée, et sous le poids d'une dette énorme !

L'expérience du despotisme a toujours donné les mêmes résultats. La France a acheté la connaissance de cette vérité par les plus terribles calamités qui puissent affliger une nation.

Sans doute, il est profondément regrettable que la France ait rompu avec ses traditions monarchiques ; c'était une idée juste de renouer, si c'était possible, la chaîne des temps : mais, pour accomplir ce retour à la monarchie, tous les moyens n'étaient pas bons, toutes les routes également droites, également sûres. Il y en avait de bons qu'il fallait employer, de mauvais qu'il fallait éviter. L'Assemblée n'a vu que le but.

La nation française avait une occasion qui ne s'offrira peut-être plus de reprendre la famille de ses anciens rois avec la liberté.

Un généreux oubli du passé, une transaction honorable sur les bases les plus larges, loyalement débattue entre la nation et la royauté, et librement et cordialement consentie de part et d'autre, semblait ce qu'il y avait de plus raisonnable, la solution qui aurait pu intervenir sans les fautes des membres de cette majorité, si, au lieu d'être animés de l'esprit du passé, ils s'étaient inspirés de celui de leur temps. C'était le cas de faire un faisceau de toutes nos forces, d'une réconciliation générale de tous les Français dans cet immense malheur de la France amené un peu par les fautes de tous. La noble Maison de ses rois était digne d'elle. Elle avait supporté avec résignation un injuste exil. Elle n'avait jamais rien entrepris contre la France. Elle était accourue à l'heure du péril mettre son épée à son service. La droiture du comte de Chambord méritait une couronne. Et c'est au nom même de sa haute loyauté qu'il est permis de réprouver les moyens qu'on a employés. Sa cause méritait d'être servie par d'autres procédés. Dans tous les cas, il fallait rester dans le droit.

Que pouvait-il y avoir de plus fâcheux pour la monarchie que de revenir par un coup d'État comme le 2 décembre? Comment! la Providence ménageait à la royauté l'occasion, qu'elle n'avait malheureusement pas encore eue depuis la Révolution, de revenir en France par le libre consentement de la nation, et l'Assemblée lui faisait perdre cet avantage!

C'était par une usurpation qui n'était pas nécessaire, par un coup d'État comme celui du 2 décembre, qu'elle voulait la ramener! La monarchie ne serait pas revenue dans la France libre, mais dans la France en état de siége!

Était-ce dans de semblables conditions qu'elle

pouvait être durable et faire, comme on l'espérait, le bonheur du pays ?

L'Assemblée mettait contre elle le droit et les volontés du pays que la royauté pouvait à cette heure avoir pour soi. Que devenait dans cette entreprise le prestige de la couronne ? Que devenait cette antique loyauté qui doit faire sa force ? Nous ne voudrions pas contrister d'honnêtes gens, mais il était impossible d'être plus maladroits. On avait tout à gagner à la loyauté, à la franchise, tout à perdre à l'équivoque et à la ruse.

Les dispositions de la France n'étaient pas favorables à la monarchie ? Eh bien, il fallait attendre.

Il fallait conquérir la France à force de dévouement, à force de loyauté, à force d'abnégation et de respect de ses droits, en ayant toujours les yeux fixés sur elle et l'étranger.

La paix signée avec la Prusse, ce qu'il y avait de plus pressant pour un pays dévasté par vingt ans de despotisme, ravagé par une guerre qui avait fait une grande destruction de sa richesse et de sa population, par la Commune qui avait incendié ses monuments, pour un pays labouré par les révolutions qui ont divisé la grande famille française, c'était ces libertés publiques dont la perte lui avait été si fatale; non les libertés nécessaires que M. Thiers réclamait avec tant d'insistance à l'Empire au nom du salut de la France, qui ne suffisaient plus; mais toute la liberté ! Une constitution avec laquelle elle pût se réorganiser et réparer ses malheurs, une politique de conciliation.

Le premier devoir de l'Assemblée était de lui donner ces bienfaits.

Elle était tenue de se retirer pour faire place à une autre assemblée, si elle n'y réussissait point.

Le coup d'État du 2 décembre, en arrêtant subitement le mouvement progressif de la France, avait permis à l'Allemagne de distancer énormément la France.

Il fallait donc regagner, si c'était possible,

le temps perdu, accélérer la marche, doubler le pas. Qu'a fait l'Assemblée? Au lieu de cela, elle s'est arrêtée, puis elle a essayé de marcher en arrière. Elle a encore élargi l'espace qui nous séparait de l'Allemagne. Il ne fallait pas perdre une heure, elle a perdu deux ans !

En agissant ainsi, à quel intérêt l'Assemblée a-t-elle obéi?

Ce n'est pas à celui de la France.

Qu'est-ce donc que la Prusse pouvait souhaiter de plus que la prolongation d'un état de choses si contraire à tous les intérêts politiques, sociaux et économiques de la France, mortel à son commerce, à son industrie, augmentant les divisions du pays?

Quelle plus grande faute pouvait commettre l'Assemblée? Pouvait-elle pousser plus loin l'oubli du devoir?

Elle était entrée dans une voie fatale. C'est la violation des lois qui conduit aux catastrophes. La loyauté est la meilleure des politiques; c'est la politique éclairée, celle-là !

A-t-elle relevé notre esprit public? La France

a-t-elle senti passer sur elle un grand souffle de patriotisme ?

C'était le cas de donner cette liberté de la presse dont la confiscation avait permis à l'Empire de tromper indignement la nation en lui faisant croire qu'elle était prête lorsqu'elle ne l'était pas.

C'était le cas de porter notre instruction publique au niveau de celle de l'Allemagne, de la Suisse, des États-Unis, de donner à la France, qui étouffait, de l'air et de la lumière.

C'était le cas de faire immédiatement ces voies de communication rapides que l'Allemagne possède, qui nous ont si cruellement manqué pendant la guerre, et qui ont contribué, pour une si grande part, aux victoires allemandes.

Quel progrès le gouvernement de l'Assemblée a-t-il donc accompli ?

C'était bien la peine de renverser M. Thiers, de se déclarer constituante pour ne rien constituer, de se déclarer souveraine pour étaler son impuissance !

En appelant faussement ce gouvernement

sans liberté République, elle a mis la France dans la position la plus affaiblie qu'il fût possible : lui aliénant les rois sans lui attirer les sympathies des peuples.

Tout cela pouvait être évité si M. Thiers eût conservé son poste comme c'était son devoir. Il avait juré de rendre à la France la République qu'elle lui avait confiée, et il a rendu ce dépôt sacré à une Assemblée qui ne le renversait que parce qu'il était son obstacle et qu'elle voulait constituer la monarchie. Ce n'était pas la même chose.

Il devait faire appel à la France.

Nous ignorons les considérations qui ont déterminé sa conduite, mais nous n'en connaissons aucune qui dispense de tenir la parole donnée. A-t-il craint d'ébranler le pays encore si débile? A-t-il cédé à un moment de faiblesse, à la lassitude du pouvoir, au dégoût de la position qu'on lui faisait? Tout cela est possible. Ce sera à l'histoire de juger cet acte.

La loi Rivet lui donnait le moyen de conser-
ver le fauteuil présidentiel. Il n'est pas dou-
teux que s'il l'eût invoquée, comme il en avait
le droit, l'Assemblée n'eût reculé devant la
dissolution qui s'imposait à elle. Il la faisait
échec et mat, ou bien la nation rentrait en pos-
session de son droit.

Il a été maître de compléter son œuvre.
Il le devait. Il ne l'a pas voulu. Il a pré-
féré dire à ses adversaires. « Vous croyez
faire mieux que moi : eh bien, faites ! Vous
pensez que la monarchie est possible, et je
déclare que, dans la situation où se trouve la
France, la République est seule possible : pre-
nez le pouvoir, essayez vous-mêmes. »

Qu'est-il arrivé ?

Un changement extraordinaire s'est produit
dans l'état du pays. La France, qui commençait
à marcher, s'est arrêtée. La confiance a dis-
paru, les affaires ont été suspendues ; la nation,
qui se relevait, est entrée dans de grandes souf-
frances. Un mal énorme a été fait à la France ;
à un gouvernement de modération et de bon

sens a succédé un gouvernement de passion. Cette tribune française où coulèrent des flots d'éloquence, qui retentit, avec Chateaubriand, Royer-Collard, Berryer, Lamartine et cent autres, des plus nobles et des plus fiers accents, qu'est-elle devenue? Où l'éloquence, la philosophie, la raison avaient brillé d'un si vif éclat, on entendit balbutier l'étrange doctrine des équivoques que la plume immortelle de Pascal a flétrie.

Cela ne serait pas arrivé si M. Thiers, comme c'était son devoir, nous le répétons, fût resté au pouvoir où la France l'avait porté, ou s'il lui avait remis à elle-même son dépôt.

Sans doute il a pu avoir la satisfaction de voir l'impuissance et la confusion de ses adversaires. La comparaison de leur gouvernement avec le sien a été écrasante. Mais cette jouissance a été achetée aux dépens de la France, cela n'était pas permis.

Quoique les meneurs eussent pris prudemment le pouvoir lorsqu'il était « à la hauteur de leur courage et de leur talent », selon son conseil, cependant il s'est trouvé encore au-dessus de leurs forces. On a donc dû s'adresser cette question : Que serait devenue la France si elle n'avait pas eu M. Thiers à l'heure critique ? et là il ne peut y avoir qu'une réponse : il n'y aurait probablement plus de France.

Si c'est là ce qu'a voulu M. Thiers, il l'a obtenu au-delà de ses souhaits ; mais sa conscience ne lui reproche-t-elle rien ? Son patriotisme, qui est si ardent, est-il tranquille, en considérant l'état politique et social de sa patrie et celui de l'Europe ?

L'existence politique d'une Assemblée qui se sépare de la nation, qui entre en lutte avec elle comme l'a fait si malheureusement l'Assemblée actuelle, peut être considérée, quoi qu'elle fasse, comme constitutionnellement terminée. Qu'est-ce qui a fait la puissance de M. Thiers ? Son talent sans aucun doute, mais principalement l'appui de la nation, et pourquoi le soutenait-elle ? Parce qu'elle avait confiance en lui, qu'elle savait qu'il était fidèle à sa cause.

Il n'est au pouvoir de nulle puissance humaine de rendre à cette Assemblée une vie épuisée moralement, et tous les regrets du monde n'y peuvent rien.

C'est à une autre Assemblée, animée de l'esprit du pays, qu'il appartient véritablement de donner à la France la constitution qu'elle attend, et de faire prévaloir la politique de conciliation que conseillait le grand patriote.

La France doit tirer de ces faits au moins un grand enseignement. Si l'on a vu le patriotisme très-réel de l'Assemblée se refroidir en moins de deux ans, malgré les épouvantables événements qui devaient l'enflammer, s'il a fait place à des sentiments d'une nature moins noble, est-ce mauvaise foi, duplicité de sa part? Nullement. C'étaient d'honnêtes gens, bien qu'une des assemblées les plus faibles qu'ait eues la France. Ce changement prouve que le mandat n'a pas une vertu indéfinie, qu'il s'épuise même assez vite, que le sentiment personnel se substitue au sentiment général, en un mot que la durée du mandat, fixée à cinq ans chez nous, est trop longue, qu'elle n'est point en rapport avec le peu de durée de nos sentiments, et le grand sens pratique des Américains, qui le limite à deux ans. L'exacte observation de la nature humaine leur a appris que, passé ce temps, le député a besoin de se retremper dans le pays.

Quand on fait des lois, il faut les faire pour des hommes, et encore pour des hommes de son temps. C'est une réforme capitale qu'il nous paraît indispensable d'apporter dans nos institutions.

Rien ne serait plus démoralisateur pour le pays que ces hauts mandataires qui se joueraient de leur parole impunément, et qu'une mauvaise loi mettrait dans le cas de le faire, comme c'est le cas dans ce trop long mandat de cinq ans.

La gloire de M. Thiers sera d'avoir respecté la souveraineté de la nation, et, ayant compris que la République était inévitable, de s'être attaché à tirer de la situation le meilleur parti possible pour la France, à rendre cette république sage, par la formation d'un grand parti national, de ce centre gauche qui est demeuré ferme et compacte sur le terrain du droit, qui a maintenu avec calme et dignité le droit du pays, et auquel sont venus ensuite se rallier avec bonne foi et patriotisme quelques hommes de talent et de cœur, qui seront toujours l'honneur d'une assemblée, même quand ils se trompent, les Bocher, les d'Audiffret-Pasquier, les Decazes, les Wallon, les Léonce de Lavergne.

C'est peut-être, au milieu de ses éminents services, le plus grand que cet homme d'État ait rendu à son pays.

Jamais une assemblée française n'avait eu une plus haute mission et ne fut investie de pouvoirs plus étendus; elle les avait tous! et c'est en ce sens que M. Thiers put lui dire un jour qu'elle était souveraine. Elle pouvait mériter les bénédictions de la postérité la plus reculée. Que sont devenues les espérances qui l'accueillirent? Elle était honnête, bien intentionnée, et cependant, à l'exception de celle qui a attiré sur la France tant de malheurs, aucune peut-être ne lui aura fait tant de mal.

Son inexpérience et son incapacité politique l'ont rendue le jouet des factions; elle a cessé d'obéir à ses propres inspirations, qui étaient honnêtes, pour agir sous l'impulsion de ces hommes désastreux qui compromettent les meilleures causes, égarent les assemblées, qui perdent les gouvernements et les empires.

Que la situation de la France serait différente de ce qu'elle est à cette heure, si le mouvement sagement progressif que lui avait imprimé M. Thiers n'avait été enrayé !

L'événement a montré la justesse des prévisions de M. Thiers. L'Assemblée n'a pas pu faire la monarchie.

Par des circonstances indépendantes de sa volonté, l'entreprise qu'elle a tentée contre la souveraineté de la nation n'a pas abouti, heureusement pour elle et pour nous.

Elle devait immédiatement se retirer en convenant loyalement qu'elle s'était trompée. C'était le seul service qu'elle pût rendre au pays.

Elle ne peut plus rien pour lui. Pourquoi reste-t-elle? Dans quel intérêt ?

Elle a failli en grande partie à sa mission. Elle avait prononcé la déchéance de l'Empire, et l'Empire est debout ! car l'Empire, ce n'est pas seulement la personne de l'empereur, qui n'aurait pu seul enchaîner la nation, mais encore et surtout les personnages qui l'ont aidé, soutenu, les institutions, les lois qu'ils ont faites dans ce but.

C'était là ce que la nation avait entendu détruire de fond en comble.

L'Assemblée devait réparer les malheurs de ce régime, et elle les a aggravés en y ajoutant le poids de ses propres fautes.

Elle a tenu pendant toute son existence une grande partie de la France en état de siége.

Son gouvernement n'a pas été bienfaisant. Son joug aura été dur pour la nation !

Paris. — Typographie Georges Chamerot, rue des Saints-Pères, 19.

www.ingramcontent.com/pod-product-compliance
Lightning Source LLC
Chambersburg PA
CBHW051331050726
47595CB00006B/2308